Saúde 2015 – Reflexões sobre os caminhos do sistema de saúde

Relator: Pedro Pita Barros

Nova School of Business & Economics

Janeiro de 2012

Uma iniciativa do Nova Healthcare Initiative, com apoio da Novartis Oncology.

ISBN 978-1-4716-1861-1

Índice

Sumário

A falta de crescimento económico coloca desafios ao carácter universalista e de grande liberdade de acesso que tem estado presente no Serviço Nacional de Saúde. Neste contexto, é essencial que a gestão por resultados assistenciais se sobreponha à gestão por resultados financeiros.

O Serviço Nacional de Saúde defronta restrições externas e restrições internas. As principais restrições externas são o desenvolvimento de novas tecnologias, as expectativas dos cidadãos, doenças emergentes, doenças crónicas, sinistralidade rodoviária, acidentes de trabalho, envelhecimento da população e hábitos alimentares dos cidadãos. As principais restrições internas estão em necessidade de capacidade de gestão, necessidade de organização e liderança, necessidade de sistemas de informação e necessidade de recursos humanos adequados em número e formação.

Os principais desafios ao sistema de saúde português até 2015 são os desafios que se colocam ao Serviço Nacional de Saúde. Os aspectos imediatos da dotação financeira do Serviço Nacional de Saúde inscrita no Orçamento do Estado são o principal desafio até 2015. É generalizado o receio de que os níveis assistenciais fornecidos à população venham a ser prejudicados neste horizonte.

A área de oncologia exerce pressão sobre as necessidades em saúde, em Portugal como no resto da Europa.

O Serviço Nacional de Saúde está tecnicamente preparado para responder a essa pressão: i) com escolhas dos fármacos usando informação de estudos custo-efetividade; ii) ampliando o tratamento em ambulatório; e, iii) definindo um novo equilíbrio ente decisão clínica centralizada e tratamento descentralizado.

Foi reconhecida a importância do espaço europeu de mobilidade de doentes, sendo apontada a necessidade de uma reflexão sobre como Portugal se vai posicionar. Existe uma preocupação com a falta de capacidade para realizar o investimento exigido para se aproveitar esta oportunidade.

É imperioso garantir uma organização do Serviço Nacional de Saúde que permita o acesso rápido a um ponto de contacto inicial no sistema de saúde. Desse contacto inicial deve decorrer um encaminhamento adequado e célere do utente.

Deverá haver um reforço do papel do atendimento telefónico Saúde 24 e considerar-se a possibilidade de triagem nos cuidados de saúde primários, através de uma primeira observação e encaminhamento por parte de um enfermeiro (desejavelmente, no desenvolvimento do conceito de enfermeiro de família).

Foi referida a importância de analisar a distribuição de equipamentos e hospitais, atendendo quer a duplicações que existam, indiciando que há que proceder a uma reformulação da oferta hospitalar em termos de distribuição de equipamentos, quer a situações de carência que ainda subsistam.

A capacidade de gestão é uma restrição interna do Serviço Nacional de Saúde que urge ultrapassar. Desenvolver capacidade de gestão adequada obriga a: a) presença de talento de gestão; e b) sistemas de informação para custeio das actividades desenvolvidas e conhecer a narrativa do percurso dos utentes.

A gestão dos hospitais da rede pública não deve ser penalizada pela imposição de custos que não são de facto geridos por ela.

Concluiu-se pela existência de um papel político e técnico a ser desempenhado pelas Administrações Regionais de Saúde, em termos de coordenação, planeamento, monitorização e avaliação, mas sem se envolverem diretamente na gestão de unidades de prestação de cuidados de saúde. Existe a necessidade de olhar para o doente crónico de forma integrada dentro do sistema de saúde.

A falta de carreiras (médicas) é um problema para a gestão dos recursos humanos no Serviço Nacional de Saúde. É considerada útil a existência de uma carreira enquanto incentivo à diferenciação e formação contínua dos médicos.

O Ministério da Saúde deverá apresentar, em documento próprio, e depois da aprovação do Orçamento do Estado, a estratégia anual que detalhe a distribuição da verba atribuída ao Serviço Nacional de Saúde, tendo como quadro orientador o Plano Nacional de Saúde.

Foi reconhecida a importância do processo clínico electrónico para a melhoria da articulação de cuidados entre diferentes níveis de cuidados. O pleno funcionamento do processo clínico electrónico no Serviço Nacional de Saúde requere uma capacidade de comunicação electrónica adequada.

Foi reconhecida a importância da utilização de mecanismos claros de decisão sobre a adopção de novas tecnologias no Serviço Nacional de Saúde, incluindo as técnicas de avaliação económica como um desses mecanismos.

Igualmente crucial foi considerada a discussão dos limites de adopção de novas tecnologias em termos de valor a pagar por ano ganho com qualidade de vida, no âmbito das técnicas de avaliação económica de tecnologias em saúde.

A criação de Normas de Orientação Clínica ("guidelines") é vista como um passo para uma melhor utilização de recursos.

As Normas de Orientação Clínica deverão atender ao preço e este deve ser tido em conta por quem as elabora. O factor preço deve ser incorporado nesta fase e não no momento de prescrição.

1 Introdução

1. O presente documento resultou de um conjunto de três reuniões organizadas pelo centro Nova Health Care Initiative da NOVA School of Business and Economics, com o apoio da Novartis Oncology.

2. Nas reuniões participou um conjunto de individualidades do sector da saúde em Portugal, incluindo gestores públicos, gestores privados, actores e decisores políticos, bem como quadros de diversas entidades públicas do sector da saúde.

3. A participação regeu-se pela *Chattam House Rule*, ou seja, os membros presentes podem discutir livremente os resultados dos debates, sem contudo identificar quem esteve presente e que posições individuais foram defendidas. A adopção desta regra garantiu uma discussão aberta e franca.

4. A responsabilidade pela elaboração do texto é assumida integralmente pelo relator, em consonância com as regras enunciadas, embora procure refletir o espírito e a substância das discussões ocorridas.

5. O ponto de partida foi dado por uma caracterização das potenciais necessidades de saúde, com identificação das tendências internacionais aplicáveis a Portugal e para uma área específica, oncologia, identificada na literatura internacional como potencialmente geradora de pressões sobre os sistemas de saúde, pela elaboração de cenários de necessidades futuras.

6. A partir dos elementos iniciais de caracterização, foi lançada a discussão com a questão do que poderá impedir o sistema de saúde, e o Serviço Nacional de Saúde em particular, de responder às necessidades de saúde da população.

7. O resultado das discussões havidas é sumariado e interpretado pelo relator.

8. O sumário resume as principais conclusões e consequentes implicações para a atuação política tendo como perspectiva o ano de 2015, ou seja, uma visão que vá para além do curto prazo imediato.

9. Pretende-se, desta forma, contribuir para uma discussão da política de saúde que vá para além do horizonte orçamental imediato.

Lisboa, Janeiro de 2012

2 O contexto global

10. A procura de um melhor sistema de saúde é um objectivo dificilmente contrariado enquanto princípio. Contudo, a resposta à questão do que faz um bom sistema de saúde não é consensual. Cada país, cada sociedade, procura o seu caminho, olhando com maior ou menor atenção e profundidade, para as suas experiências passadas e para os diversos modelos ensaiados noutros países.

11. A escolha de um caminho para a evolução do sistema de saúde de um país não pode ser feita de forma independente da sua história, nem dos objectivos que estabelece.

12. O objectivo último dos sistemas de saúde é a melhoria do estado de saúde da população, pelo que um primeiro passo na definição das características de um sistemas de

saúde é forçosamente o conhecimento do que é a evolução previsível das necessidades de cuidados de saúde da população.

13. Este objectivo último de saúde da população é consagrado, no sistema português de saúde, pelo carácter universalista, abrangente e a todos acessível do Serviço Nacional de Saúde.

14. Conhecendo-se, em traços largos, qual o objectivo e quais as necessidades em saúde da população, é então preciso incorporar na acção, no processo de decisão, as restrições que se colocam.

15. **A falta de crescimento económico coloca desafios ao carácter universalista e de grande liberdade de acesso que tem estado presente no Serviço Nacional de Saúde. Neste contexto, é essencial que a gestão por resultados assistenciais se sobreponha à gestão por resultados financeiros.**

16. Deve, a todo custo, evitar-se a confusão entre o que são objectivos e o que são restrições a que esses objectivos sejam alcançados.

17. Estas restrições podem ter uma natureza de curto, médio ou longo prazo, com diferentes implicações. As restrições surgem de diferentes lados: novas tecnologias, expectativas dos cidadãos, doenças emergentes, doenças crónicas, envelhecimento da população.

18. As restrições resultantes destes factores não são apenas orçamentais. Há restrições de organização e liderança, por exemplo.

19. As restrições podem ser internas ou externas ao Serviço Nacional de Saúde. A evolução e efeito das últimas não dependem do Serviço Nacional de Saúde. Por exemplo, as restrições orçamentais do sector público condicionam o Serviço Nacional de Saúde mas não são por ele modificáveis.

20. O mesmo sucede com um conjunto variado de factores externos que condicionam significativamente o que se passa no Serviço Nacional de Saúde e na área da saúde em geral: sinistralidade rodoviária, acidentes de trabalho, hábitos alimentares, etc...

21. Para além das restrições externas, foram igualmente identificadas restrições internas no Serviço Nacional de Saúde. As mais significativas foram: a) restrições de capacidade de gestão em níveis importantes; b) restrição de capacidade do Serviço Nacional de Saúde em dotar-se dos recursos necessários para o seu papel, nomeadamente recursos humanos a diferentes níveis e distribuição geográfica.

22. Como áreas chave foram identificadas os sistemas de informação e a ausência de estruturas fortes de acompanhamento das unidades que prestam cuidados de saúde, nomeadamente os hospitais.

23. As ações e intervenções que se possam antecipar têm um de dois papéis, ou eventualmente ambos: 1) aliviar restrições, e/ou 2) alcançar melhores resultados dentro das restrições existentes.

24. Há o risco de a resposta às restrições se traduzir em racionamento no acesso a cuidados de saúde necessários e no plafonamento de benefícios.

25. **O Serviço Nacional de Saúde defronta restrições externas e restrições internas. As principais restrições externas são o desenvolvimento de novas tecnologias, as expectativas dos cidadãos, doenças emergentes, doenças crónicas, sinistralidade rodoviária, acidentes de trabalho, envelhecimento da população e hábitos alimentares dos cidadãos.**

26. **As principais restrições internas estão em necessidade de capacidade de gestão, necessidade de organização e liderança, necessidade de**

sistemas de informação e necessidade de recursos humanos adequados em número e formação.

27. Uma interrogação importante está na evolução das expectativas dos cidadãos. Há a sensação de se estar a avançar, como sociedade, para uma visão mais individualista do sistema de saúde.

28. Pensando num horizonte de médio prazo, 2015, importa identificar os principais desafios, em termos de necessidades de saúde, e objectivos a alcançar, debatendo-se de seguida as restrições e limitações previsíveis, e a forma como intervenções no campo da política de saúde contribuirão, previsivelmente, para que haja sucesso no atingir dos objectivos.

29. A secção seguinte, secção 2, apresenta uma breve caracterização quantitativa dos principais desafios de saúde da população portuguesa para os próximos anos. Na secção 3 é feito um resumo dos debates realizados a

25 de Outubro de 2011, 22 de Novembro de 2011 e 20 de Dezembro de 2011, seguindo a regra anunciada de ausência de identificação de posições individuais. Valem as ideias pelo contributo que dão para o nosso conhecimento. A secção 4 concluirá.

3 Desafios de saúde em Portugal 2015

30. A identificação dos principais desafios de saúde e ao sistema de saúde não é uma tarefa simples, nem há um caminho único, e universalmente aceite, para a fazer.

31. Optou-se aqui por uma análise em dois momentos. O primeiro momento, fazendo uso de comparações internacionais, identifica duas áreas como sendo potencialmente problemáticas, ambas com forte implicação na actividade hospitalar: oncologia e HIV/SIDA. Num segundo momento, é dado um olhar mais detalhado à epidemiologia na área do cancro.

3.1 Portugal no contexto europeu

32. A seguinte descrição baseia-se no documento da European Commission (2010).[1]

33. A esperança de vida à nascença da população portuguesa evoluiu, desde 1980, em linha com o que se passou no conjunto dos países da União Europeia.

34. Também o diferencial na esperança de vida entre géneros se reduziu, mantendo-se uma maior longevidade média feminina embora com uma menor diferença do que antes (ganho de um ano nesta diferença entre 1995 e 2007). Igualmente neste aspecto Portugal acompanha a tendência global dos países da União Europeia.

---

[1] European Commission, 2010, Health trends in the EU, Directorate-General Employment, Social Affairs and Equal Opportunities, Unit 1 – Social and Demographic Analysis, report delivered by The London School of Economics and Political Science.

35. Em termos de mortalidade infantil, Portugal teve uma evolução notável, colocando-se em 2007 como um dos países com mais baixo valor dentro da União Europeia. Portugal foi acompanhado nesta evolução por países como a Irlanda, a Grécia e a República Checa.

36. Apesar de ter sido levantada a questão de uma eventual alteração neste padrão nos últimos dois a três anos nas periferias metropolitanas de Lisboa e Porto, com uma ligeira tendência de crescimento da mortalidade infantil, não houve consenso sobre este aspecto nem foi encontrada (evidência estatística) nesse sentido. A principal preocupação expressa esteve associada à falta de médicos de família nas coroas urbanas das principais cidades, nomeadamente bairros sociais e situações de exclusão social, tendo sido referida a dificuldade do Serviço Nacional de Saúde, enquanto sistema de

prestação de cuidados de saúde, em responder às flutuações populacionais.

37. Um conceito importante é o de mortalidade evitável, definida como mortes que não deveriam ocorrer na presença de um acesso atempado a cuidados de saúde efetivos (para cidadãos com idade inferior a 75 anos).

38. Este conceito é traduzido num indicador de anos de vida potencial perdidos (por 100 000 habitantes). Portugal encontra-se entre os países de evolução positiva entre 1995 e 2007. Ainda assim, encontra-se acima do normal para a maioria dos países da União Europeia.

39. Para doença isquémica do coração, Portugal tem acompanhado a tendência geral da União Europeia, convergindo para um valor médio, que tem mostrado uma tendência global de descida.

40. Também nas doenças cérebro-vasculares se observa a mesma evolução, embora Portugal tenha valores mais elevados do que os restantes países do grupo EU-15.

41. Em sentido contrário tem evoluído a incidência de cancro, com um aumento generalizado em toda a Europa. Por seu lado, a mortalidade apresenta uma tendência decrescente. Existem mais casos, que são tratados com um sucesso cada vez maior.

42. Uma outra tendência global é o aumento da incidência do cancro do pulmão (e das mortes associadas), sobretudo entre as mulheres e que tem contribuído apra reduzir as diferenças entre os dois géneros (mas pelos maus motivos).

43. Portugal destaca-se dos restantes países da União Europeia pela elevada incidência de casos de VIH/SIDA, em que só nos anos mais recentes apresenta uma tendência de redução, estando ainda

bastante longe do valor médio europeu (cerca de 4 vezes mais baixo do que o registado em Portugal) ou mesmo do segundo valor mais elevado (25% mais elevado em Portugal).

44. Aliás, Portugal é explicitamente referido como o país com maior número de novos casos de SIDA desde o final da década de noventa do século passado (European Commission, *op.cit.*, p.47).

45. Em comentário recebido quanto à situação do VIH/SIDA em Portugal foi sugerido que parte da actual situação se deveria, eventualmente, à importação de casos de outros países. Como factor para essa importação estaria a facilidade de obtenção de cartão de saúde, favorecendo a integração de doentes estrangeiros no sistema e a cedência gratuita do tratamento antirretroviral, ao contrário de outros países.

46. Da discussão resultou dominante a interpretação de que não se estará perante um problema de importação de casos e sim perante um padrão geral de comportamento de risco da população imigrante, sendo influenciado por políticas culturais dos países de origem.

47. Outra área de alguma preocupação encontra-se nas doenças crónicas. Por exemplo, a taxa de mortalidade (padronizada) associada com a diabetes em Portugal é das mais elevadas a nível europeu e não apresenta qualquer tendência de aproximação aos valores médios europeus.

3.2 A oncologia

48. Esta subsecção consiste na apresentação realizada pela Dra Maria José Bento no primeiro debate.

Projecções de incidência e prevalência de cancro, Portugal, 2015

- Métodos
  - Dados
    - Incidência
      - Publicações do RORENO, ROR-Centro e ROR-Sul, 2001-2005/6
      - Dados agregados, grupos etários 5-5 anos, por sexo
    - Mortalidade
      - Taxas de mortalidade calculadas a partir da informação do IARC, DGS
    - Sobrevivência
      - Dados do RORENO 2000/2006
    - População
      - Estimativas da população por distrito e RA Madeira, por grupos etários 5-5 anos, por sexo, 2000-2007 – portal do INE

Projecções de incidência e prevalência de cancro, Portugal, 2015

- Métodos
  - Incidência
    - Método Dyba-Hakulinen
      - Projecções a curto prazo
      - Utilizado pela OMS
    - PIAMOD
    - Comparação com GLOBOCAN
  - Prevalência
    - PIAMOD
  - População
    - Software CPPR – Cálculo de projecções da população residente, disponibilizado online pela Associação Portuguesa de Famílias Numerosas

Estimativa da População Portuguesa, 2015

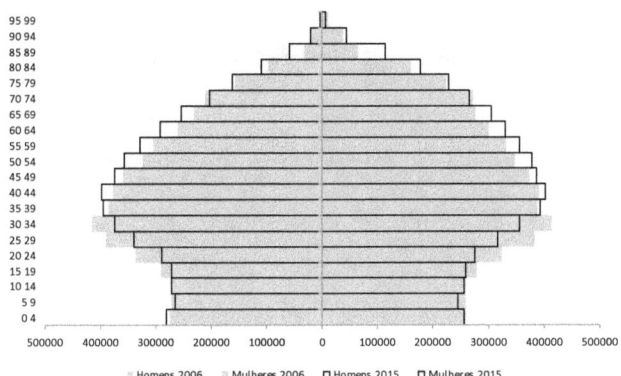

Homens 2006   Mulheres 2006   Homens 2015   Mulheres 2015

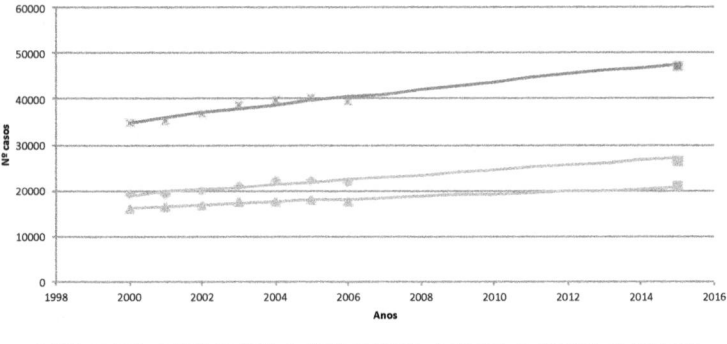

Total Tumores (Nacional)

Obs H   Exp H   Obs M   Exp M   Obs HM   Exp HM   Globocan H   Globocan M   Globocan HM

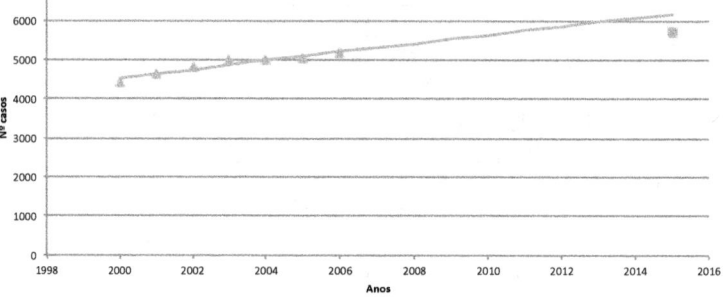

Tumores da Mama (Nacional)

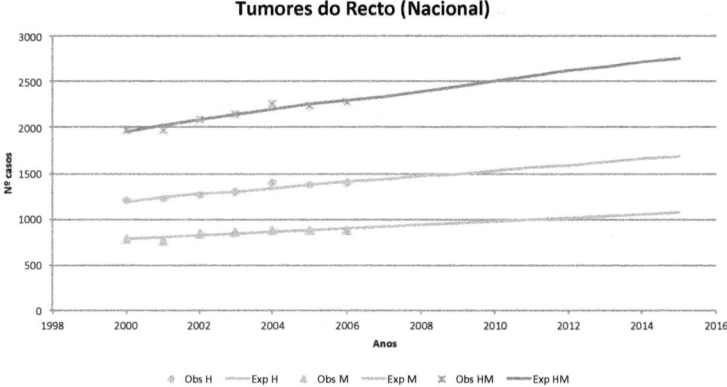

Tumores do Recto (Nacional)

◇ Obs H — Exp H ▲ Obs M — Exp M ✕ Obs HM — Exp HM

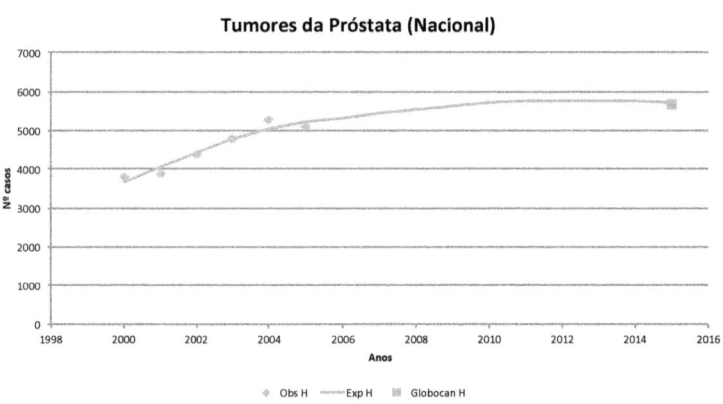

Tumores da Próstata (Nacional)

◇ Obs H — Exp H ▦ Globocan H

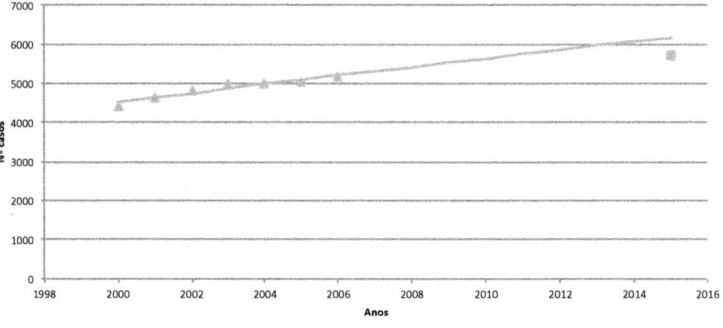

Tumores do Pulmão (Nacional)

◆ Obs H ——Exp H ▲ Obs M ——Exp M ✕ Obs HM ——Exp HM ▦ Globocan H ▦ Globocan M ▦ Globocan HM

4 Os debates

49. O ponto de partida para o debate foi a informação da secção anterior, solicitando-se uma reflexão sobre o que pode correr mal no sistema de saúde português, como forma de identificar restrições e estrangulamentos. Para o segundo e terceiro debates, foram igualmente incluídos os comentários recebidos na sequência das sessões anteriores.

4.1 O sector público e o problema do Orçamento do Estado

50. A primeira grande linha de debate, ainda que não tenha sido verbalizada diretamente, é os desafios que se colocam serem sobretudo, e acima de tudo, desafios ao sector público.

51. **Os principais desafios ao sistema de saúde português até 2015 são os desafios que se colocam ao Serviço Nacional de Saúde. Os aspectos imediatos da dotação financeira do Serviço Nacional de Saúde inscrita no Orçamento do Estado são o principal desafio até 2015. É generalizado o receio de que os níveis assistenciais fornecidos à população venham a ser prejudicados neste horizonte.**

52. A redução de dotação do Serviço Nacional de Saúde no Orçamento do Estado é inédita. A contenção do crescimento nominal da despesa pública com o Serviço Nacional de Saúde foi o melhor resultado conseguido no passado, quer em Portugal quer na generalidade dos países da OCDE.

53. Apesar de se procurar ter como referência um horizonte mais alargado do que o próximo ano, muitas das

preocupações expressas encontram-se diretamente associadas com os aspectos imediatos da contenção orçamental e do que esta possa implicar. Em particular, não há uma confiança generalizada de que as restrições atualmente existentes não venham a resultar no afastar da realidade face aos objectivos de saúde.

4.2 O cidadão

54. Adicionalmente aos desafios ao Serviço Nacional de Saúde, surgiu, no segundo debate, um questionar da ausência do cidadão – utilizador da discussão, na medida em que é o comportamento do cidadão – utilizador que gera problemas e dificuldades ao sistema de saúde e ao Serviço Nacional de Saúde.

55. No seguimento de se questionar o papel do cidadão – utilizador, foi trazido para a discussão o papel das seguradoras no controle de acesso a cuidados de saúde

como disciplina a algum consumo excessivo pelo cidadão e à contenção dos custos por limitação da utilização não razoável dos cuidados de saúde.

56. Atualmente, a maior parte dos seguros de saúde privados são adquiridos por empresas. As seguradoras estão a modificar o perfil dos seguros oferecidos como resposta ao comportamento dos segurados. Estão a aumentar as franquias nos consumos de ambulatório (dado que os segurados tendem a esgotar os limites de utilização) e começam a surgir produtos de seguro com cobertura exclusiva de internamento, sem cobertura de cuidados de saúde em ambulatório.

57. Esta evolução ilustra bem as implicações do comportamento do cidadão – utilizador. Como nota, deve referir-se que esta evolução dos seguros de saúde privados se faz num contexto em que o valor de financiamento de cuidados de saúde originado no

campo segurador é, segundo a Conta Satélite da Saúde, uma pequena parte do financiamento total das despesas com cuidados de saúde em Portugal.

58. Apontou-se que o crescimento da obesidade será um factor de pressão futura sobre as necessidades em saúde, a acrescer à transformação dos doentes oncológicos e dos doentes de VIH/SIDA em doentes crónicos.

4.3 Capacidade de resposta do SNS

59. A magnitude do desafio epidemiológico na área da oncologia foi questionada, uma vez que foi afirmado que a atual capacidade de resposta do sistema permitirá acomodar o número esperado de novos casos de cancro.

60. **A área de oncologia exerce pressão sobre as necessidades em saúde, em Portugal como no resto da Europa.**

61. **O Serviço Nacional de Saúde está tecnicamente preparado para responder: i) escolhas dos fármacos usando informação de estudos custo-efetividade; ii) ampliando o tratamento em ambulatório; e, iii) definindo um novo equilíbrio ente decisão clínica centralizada e tratamento descentralizado.**

62. Esta capacidade de resposta vai colocar tensões próprias a descoberto. Por exemplo, as escolhas de medicamentos baseadas em estudos custo-efetividade poderão ser distintas consoante seja o médico ou o farmacêutico a realizar essa escolha ou seja o gestor preocupado com o impacto no orçamento do ano.

63. A escolha ficará também dependente da abrangência dos estudos em termos dos custos e dos benefícios incluídos.

64. É preciso, para que a resposta às necessidades de saúde seja dada de um modo adequado, assegurar que ocorre

uma abordagem coerente entre todos os decisores. Daqui decorre a relevância de explicitar orientações metodológicas para a avaliação económica em ambiente hospitalar (incluindo a definição da perspectiva a adoptar na utilização dos estudos custo-efetividade).

65. Foi consensual que a resposta do Serviço Nacional de Saúde passa por um ajustamento nas dimensões proximidade / descentralização e diferenciação / centralização.

66. Relativamente aos medicamentos oncológico, houve o comentário de existirem fármacos aprovados como inovadores que não provaram superioridade face a alternativas existentes. Conjugada com a ausência de reavaliação económica face ao aparecimento de outros medicamentos inovadores, há um trabalho a fazer de análise. Há razões custo incremental nalguns novos

fármacos antineoplásicos na ordem dos 300,000 – 400,00 €/ano. Este tema será retomado adiante.

67. Foi referido que há cada vez mais casos de tratamento de oncologia em ambulatório, o que se deverá refletir nas próprias opções de seguimento do doente.

68. Sobre a possibilidade de se adoptar um modelo de organização que permita satisfazer melhor as necessidades da população e com menores custos para o Serviço Nacional de Saúde, foi referida a importância de garantir a qualidade da decisão clínica, com uma sua centralização e utilização de formas avançadas de comunicação à distância (como teleconferência e telemedicina). O tratamento será, esse sim, feito num regime de proximidade ao local de residência habitual do doente.

69. Em termos de resultados do sistema de saúde, foi expressa preocupação com a capacidade de assegurar no

futuro próximo a mesma resposta que tem sido dada no passado recente (em que as taxas de sobrevivência em oncologia são boas quando comparadas internacionalmente).

70. Não tem havido discriminações socioeconómicas em geral, e a acessibilidade vai funcionando, em geral. Há, porém, o receio de perder estas características do Serviço Nacional de Saúde. Há igualmente receio de que o próprio sistema de monitorização se venha a perder – risco de se deixar de ter informação – e de que se venha a perder a investigação realizada.

4.4 Oportunidades

71. Três temas discutidos, e em que uma adequada atuação se traduz num aliviar de restrições, foram:

- o espaço europeu de mobilidade (circulação) de doentes, e logo de prestação de cuidados de saúde;

- uma melhor organização do Serviço Nacional de Saúde

- uma melhor gestão do Serviço Nacional de Saúde

72. Tomemos cada um destes aspectos por si.

4.4.1 Espaço europeu de mobilidade

73. No caso do espaço europeu de circulação de doentes, surgiu a noção de que até há 2 anos era uma oportunidade. Hoje, o Serviço Nacional de Saúde não tem capacidade de fazer o investimento necessário para aproveitar essa oportunidade.

74. A oportunidade proporcionada por este espaço europeu surge também ao nível da inovação organizacional. Há que tirar mais partido, num contexto global, da Diretiva da mobilidade de doentes.

75. **Foi reconhecida a importância do espaço europeu de mobilidade de doentes, sendo apontada a necessidade de uma reflexão sobre como Portugal**

se vai posicionar. Existe uma preocupação com a falta de capacidade para realizar o investimento exigido para se aproveitar esta oportunidade.

76. A Diretiva europeia de mobilidade de doentes é, por outro lado, uma potencial fonte de pressão sobre a despesa pública em saúde. Havendo uma limitação quantitativa em Portugal, e tendo o Serviço Nacional de Saúde que pagar ao cidadão o mesmo que gastaria caso fosse tratado dentro do espaço nacional, a escolha de tratamento no exterior poderá ser geradora de despesa adicional para o Serviço Nacional de Saúde.

77. Para além da potencial pressão sobre a despesa, há também a pressão sobre os prestadores portugueses, públicos e privados. Dependendo da eficiência relativa face aos prestadores de outros países poderá ocorrer uma saída do mercado nacional dos prestadores menos eficientes.

4.4.2 Melhor organização

78. É realizada a distinção entre organização e gestão do Serviço Nacional de Saúde, com o seguinte sentido. Por *organização do Serviço Nacional de Saúde* entende-se a forma como as suas diferentes entidades e instituições se interligam e interagem, enquanto *gestão do Serviço Nacional de Saúde* se refere ao modo como essas entidades e instituições são conduzidas e geridas internamente.

79. Na lógica de uma melhor organização do Serviço Nacional de Saúde, foi referido que se deve aumentar o acesso rápido a um ponto de contacto no sistema de saúde, nomeadamente SNS, via atendimento telefónico, para desentupir urgências.

80. É igualmente considerado prioritário dar rápido encaminhamento para quem não ficar resolvido na triagem quando acede a cuidados hospitalares.

81. É imperioso garantir uma organização do Serviço Nacional de Saúde que permita o acesso rápido a um ponto de contato inicial no sistema de saúde. Desse contato inicial deve decorrer um encaminhamento adequado e célere do utente.

82. Deverá haver um reforço do papel do atendimento telefónico Saúde 24 e considerar-se a possibilidade de triagem nos cuidados de saúde primários, através de uma primeira observação e encaminhamento por parte de um enfermeiro (desejavelmente, no desenvolvimento do conceito de enfermeiro de família).

83. Foi referida a importância de analisar a distribuição de equipamentos e hospitais, atendendo quer a duplicações que existam, indiciando que há que proceder a uma reformulação da oferta hospitalar

em termos de distribuição de equipamentos, quer a situações de carência que ainda subsistam.

84. Neste domínio, há que acompanhar o trabalho da Entidade Reguladora da Saúde e a elaboração da carta hospitalar.

85. A elaboração destes trabalhos e documentos não deve fazer esquecer que os planos de equipamentos são, pela sua natureza, realidades em evolução permanente. O principal factor é a impossibilidade de se prever a evolução na utilização da tecnologia.

86. Na medida em que as unidades de saúde têm revelado capacidade de gerar procura para manter os equipamentos e instalações em funcionamento, ressaltou-se a importância de decidir e executar encerramentos, cuja gestão política e comunicacional se tem revelado particularmente difícil.

87. A organização global do Serviço Nacional de Saúde foi questionada na medida em que se criaram grandes centros hospitalares, em que criaram unidades locais de saúde, em que se criaram agrupamentos de centros de saúde e em que desapareceram as sub-regiões de saúde.

4.4.3. Melhorar a gestão

88. A gestão no Serviço Nacional de Saúde foi vista como uma área em que melhorias significativas têm a capacidade de aliviar as restrições presentes.

89. Foi considerado essencial que a gestão por resultados assistenciais se sobreponha à gestão por resultados financeiros. A componente financeira (de custos, orçamental) é uma restrição e não um objectivo.

90. Como ilustração desta tensão ente objectivos assistenciais e objectivos financeiros foi dado o exemplo dos contratos programa, em que 60% do peso é

colocado nos indicadores de assistência e 40% nos indicadores financeiros. Mas 4 dos 45 indicadores usado dizem respeito aos aspectos financeiros, significando que cada indicador da componente financeira recebe mais peso do que os indicadores da área assistencial.

91. Uma das restrições identificadas como inibindo um melhor funcionamento do Serviço Nacional de Saúde é a capacidade de gestão, que obriga à presença de talento e de sistemas de informação, que têm de fornecer quer o custeio das actividades desenvolvidas quer a narrativa do percurso dos cidadãos / utentes no sistema de saúde, e no Serviço Nacional de Saúde em particular.

92. **A capacidade de gestão é uma restrição interna do Serviço Nacional de Saúde que urge ultrapassar. Desenvolver capacidade de gestão adequada obriga a: a) presença de talento de gestão; e b) sistemas de informação para custeio das actividades**

desenvolvidas e conhecer a narrativa do percurso dos utentes.

93. Foram focadas as dificuldades colocadas à gestão das unidades prestadoras de cuidados de saúde, nomeadamente os hospitais, pelas regras existentes que em casos importantes criam despesa à instituição sem que esta tenha qualquer capacidade para a gerir.

94. Como princípio, deve-se assegurar que a gestão dos custos esteja mais perto de quem os pode de facto gerir. O exemplo fornecido durante o debate foi o da responsabilidade dos hospitais com medicamentos dispensados em ambulatório, em que ocorre uma separação entre a actividade do dia-a-dia do hospital e os seus custos com medicamentos.

95. Nestas condições, não há um controlo efetivo ou capacidade de gestão. A dispensa em farmácia de ambulatório não faz parte da actividade dos hospitais,

embora se reconheça que permite um acompanhamento dos doentes (alguns com quadros complicados) que se poderia perder de outra forma.

96. **A gestão dos hospitais da rede pública não deve ser penalizada pela imposição de custos que não são geríveis por ela.**

97. Sugeriu-se que dever ser repensada a forma como o sistema de pagamento aos prestadores de cuidados de saúde interage com a gestão da saúde (e não apenas da doença) da população. Em concreto, a forma de financiamento desse serviço de dispensa de medicamentos em ambulatório não o deverá incluir dentro da consulta hospitalar, sendo preferível um pagamento por doente tratado (seguido), com a consideração de indicadores de qualidade, por oposição a um sistema de pagamento por reembolso puro.

98. Houve uma preocupação expressa com a forma como são exigidas poupanças de custos, uma vez que é preciso atentar em que as diferentes instituições têm diferentes pontos de partida. As que já são hoje em dia relativamente eficientes terão maior dificuldade em promover ainda mais poupanças.

4.5. As Administrações Regionais de Saúde

99. Foi colocado à discussão se as atuais administrações regionais de saúde deveriam dar lugar a comissões técnicas de menor dimensão. Esta ideia não recolheu apoio. Em contra-argumento foi referido o trabalho realizado pela Administração Regional de Saúde do Norte, em termos de reestruturação da rede de prestação de cuidados, de acompanhamento da contratualização e da prestação de informação técnica e de retorno.

100. Uma comissão técnica não teria, conjecturou-se, essa capacidade de intervenção. Como funções a desempenhar pelas Administrações Regionais de Saúde (ARS) destacaram-se a coordenação, o planeamento, a monitorização e a avaliação, mas não a gestão direta dos cuidados de saúde primários.

101. Uma questão distinta é qual a dimensão adequada para uma ARS. Em particular, levantou-se a questão de as ARS do Alentejo e do Algarve serem subdimensionadas para efeitos de financiamento, embora se admita que o respeito pela organização administrativa do país seja provavelmente factor determinante para a delimitação geográfica das ARS.

102. Foi utilizada a expressão de que o presidente de uma ARS é o "ministro da saúde de cada região", significando que as ARS possuem também um papel

político a ser desempenhado, que não é passível de ser concretizado por comissões técnicas.

103. **Concluiu-se pela existência de um papel político e técnico a ser desempenhado pelas Administrações Regionais de Saúde, em termos de coordenação, planeamento, monitorização e avaliação, mas sem se envolverem diretamente na gestão de unidades de prestação de cuidados de saúde.**

104. Esta conclusão não foi unânime, tendo havido a defesa da transformação das Administrações Regionais de Saúde em Comissões Técnicas. Nesse caso, as funções de planeamento e coordenação (e outras) passariam para organismos centrais, e haveria a redução do seu papel político. O papel político deve, nesta visão, ser centralizado para que o peso político regional não se sobreponha ao interesse nacional.

4.6 O doente crónico

105.   Foi introduzido à discussão o tema do doente crónico, reclamando por uma nova forma de o ver dentro do sistema de saúde.

106.   Embora reconhecendo a sua relevância presente e futura não foi dado aprofundamento ao tema.

107.   **Existe a necessidade de olhar para o doente crónico de forma integrada dentro do sistema de saúde.**

4.7 Sistemas de informação

108.   O problema dos sistemas de informação não deve ser menosprezado. Não é apenas um problema nacional. Por exemplo, Michael Porter tem defendido que o maior problema a resolver pelo sistema de saúde americano, com custos elevados e sem sinal de

desaceleração, é a implementação de sistemas de informação adequados, em particular para custeio de actividade.

4.8 Atração e retenção de talento de gestão

109. Também a capacidade de atração (e retenção) de bons profissionais de gestão tem-se revelado complicada e não haverá provavelmente grande modificação nos próximos anos.

110. Neste campo, é relevante ter em consideração os aspectos de desenvolvimento pessoal e profissional separados da segurança de emprego.

111. As dificuldades e limitações associadas à gestão não se restringem aos conselhos de administração. A gestão intermédia tem fortes limitações, no que respeita a talento, que é necessário resolver.

112. Há a necessidade de as organizações desenvolverem critérios e conhecimento de como orientar a utilização de recursos.

113. Há um problema da formação, actualização e motivação dos profissionais de saúde e dos quadros de gestão. A motivação dos profissionais de saúde tem-se concentrado crescentemente na componente financeira, estando progressivamente ausentes os restantes factores de motivação.

114. A política de recursos humanos da saúde tem de se projetar num quadro europeu, quer de recrutamento quer na formação de novos médicos.

115. Relativamente à formação de novos médicos encontram-se hoje dificuldades em assegurar quem oriente os internos em diversas especialidades e unidades, por falta de especialistas, a que acresce uma

grande diversidade no compromisso inerente a essa orientação por parte dos médicos.

116. A falta de carreiras (médicas) é um problema para a gestão dos recursos humanos no Serviço Nacional de Saúde. É considerada útil a existência de uma carreira enquanto incentivo à diferenciação e formação contínua dos médicos.

117. A gestão dos recursos humanos no Serviço Nacional de Saúde deverá ter em consideração, no horizonte dos próximos três anos, até 2015, a importância de colmatar a saída de médicos por aposentação antecipada, eventualmente com o seu regresso em moldes a definir, bem como a relevância do regime de exclusividade, como instrumento de fixação de profissionais num contexto em que as reduções salariais recentemente impostas induzem mais facilmente a uma dispersão de

actividade profissional por vários locais como forma de compensação financeira.

118. Contratos apenas ligados à produção criam um desvalorizar de outros aspectos relevantes.

119. É importante a existência de um mecanismo para valorizar a progressão, com base em valorização de competências e conhecimento (sem ter de necessariamente existir uma carreira da Administração Pública).

120. Associado a este esforço tem que se atentar à evolução do conhecimento médico, com mecanismos que levem os médicos a atualizarem-se cientificamente e a uma clarificação do modo de apoiar a formação pós-graduada dos médicos.

4.9 As dívidas a fornecedores

121.   A discussão passou também pela análise das atuais restrições e da sua força limitadora. Em destaque esteve o Orçamento do Estado para 2012, e o problema da dívida a fornecedores no valor de cerca de 3,000 milhões de euros dos hospitais do Serviço Nacional de Saúde.

122.   A ausência de soluções quer para este montante em dívida quer para os mecanismos que têm levado a um seu aumento de cerca de 400 milhões de euros por ano suscitaram fortes preocupações.

123.   Para a dívida a fornecedores foram lançadas propostas de solução, sem que tenham recolhido apoios expressivos, na medida em que também envolvem dificuldades e problemas vários: a) abertura do capital social a sociedades financeiras e/ou bancos; b) entrada

no capital dos hospitais EPE por parte dos principais fornecedores com valores em dívida.

124. A solução mais natural será uma operação em que este valor de atraso de pagamento a fornecedores é levado diretamente à dívida pública.

125. A existência da dívida a fornecedores levanta dois problemas. A resolução do stock existente, e como evitar um novo acumular de dívida. O risco da manutenção ou agravamento da situação corrente está na suspensão de fornecimento ao Serviço Nacional de Saúde.

126. A situação colocada por uma companhia farmacêutica, de ameaça de não continuar a fornecer alguns hospitais do Serviço Nacional de Saúde, tornou claro que a dívida dos hospitais públicos deixou de ser segura (sem risco de pagamento).

127. A consequência natural é o preço ir subindo para compensar o risco de pagamento (parcial ou total), nomeadamente através das condições comerciais negociadas no final de cada ano civil, por um lado, e inclusão implícita de juros de mora não declarados no preço inicial, por outro lado.

4.10 Planeamento estratégico no Serviço Nacional de Saúde

128. Ainda tendo como referência o Orçamento do Estado para 2012, foi questionado até que ponto o orçamento inscrito para a saúde é desenhado de acordo com os dados epidemiológicos, e dentro do orçamento dados os contratos programa, que liberdade há para resposta às questões epidemiológicas. O conhecimento do modo como é aplicado o montante disponibilizado ao SNS foi um aspecto consensualmente reclamado.

Apesar disso, subsistiram dúvidas sobre se o Relatório do Orçamento de Estado é o documento apropriado para o apresentar dessa estratégia.

129. A apresentação anual da estratégia do Ministério da Saúde deverá ter lugar num documento próprio e adicional ao Relatório do Orçamento do Estado. Será útil ter, depois de aprovado o Orçamento do Estado, um documento explicitando a estratégia anual para o Serviço Nacional de Saúde, detalhando a distribuição da transferência do Orçamento do Estado para o Serviço Nacional de Saúde, tendo como quadro orientador o Plano Nacional de Saúde.

130. Nas atuais circunstâncias da política económica portuguesa, deveria ser clara a ligação desta estratégia à programação que está presente no Memorando de Entendimento.

131. **O Ministério da Saúde deverá apresentar, em documento próprio, e depois da aprovação do Orçamento do Estado, a estratégia anual que detalhe a distribuição da verba atribuída ao Serviço Nacional de Saúde, tendo como quadro orientador o Plano Nacional de Saúde.**

132. Na discussão sobre a organização interna no Serviço Nacional de Saúde foi reconhecido que os problemas de derrapagem financeira se encontram fortemente concentrados na área hospitalar. Os cuidados de saúde primários têm demonstrado maior capacidade de se manterem dentro dos limites orçamentais que têm sido impostos.

133. Ainda assim, esta situação tem que atender ao facto de haver a transferência de alguns custos dos cuidados de saúde primários para os cuidados hospitalares.

134. É expectável que esta situação se mantenha no futuro. A criação dos Agrupamento de Centros de Saúde (ACES) foi um passo importante. Os cuidados de saúde primários apresentam bons resultados em qualidade apercebida pelos utentes e em acessibilidade. Apesar dos bons resultados alcançados, há margem para melhoria, sendo que os cuidados de saúde primários podem fazer mais pela promoção da saúde na população.

135. Ainda assim, foi comentado que ao nível das ARS não está ainda a ser seguida de forma sistemática uma política de monitorização de produtos farmacêuticos. Existe atualmente um défice de organização nos procedimentos de distribuição de produtos farmacêuticos e dispositivos médicos pelos ACES. A intervenção farmacêutica ao nível dos cuidados de saúde primários é ainda incipiente.

136. A melhoria da articulação de cuidados entre diferentes níveis passa também por um processo clínico electrónico, de acesso por parte dos profissionais de saúde relevantes em cada momento. Requere uma capacidade de comunicação electrónica adequada (em que o acesso a banda larga é uma infraestrutura indispensável). Foi dado o exemplo da Região Autónoma da Madeira, onde já existe um processo electrónico para cada cidadão, com várias portas de entrada. Não foi ainda produzida uma avaliação da experiência, que possa ser usada para guiar um processo nacional similar.

137. Foi reconhecida a importância do processo clínico electrónico para a melhoria da articulação de cuidados entre diferentes níveis de cuidados. O pleno funcionamento do processo clínico electrónico no Serviço Nacional de Saúde requere

uma capacidade de comunicação electrónica adequada.

4.11 O futuro próximo

138. Foi apontado um potencial factor de desequilíbrio futuro do Serviço Nacional de Saúde – a imposição de objectivos irrealistas às equipas de gestão, levando ao distanciamento destas face aos objectivos propostos, resultando potencialmente num maior descontrolo financeiro da actividade hospitalar. Neste contexto, questionou-se o que será o papel dos contratos programa.

139. Como obstáculos a um melhor desempenho dos hospitais foram identificados a má qualidade dos sistemas de informação – muitos subsistemas de informação, soluções administrativas antigas – e a existência de poucas soluções de gestão do risco clínico.

140. Um outro risco organizacional apontado foi a possibilidade de retrocesso nos cuidados de saúde primários, uma vez que não é claro que haja massa critica para redinamizar os cuidados de saúde primários e levar o processo de criação das USF até ao final.

141. Em termos de discussão sobre os recursos usados no sector da saúde, não houve, na primeira reunião de debate, atenção especial. Contudo, o rácio enfermeiros – médicos é cerca de 3:1 na União Europeia, estando Portugal bastante abaixo deste número.

142. Prevê-se que a importância destes profissionais seja crescente devido ao seu papel nos cuidados continuados e nos cuidados primários, que tenderão a ganhar uma maior centralidade no sistema de saúde face ao envelhecimento da população.

143. Este desafio sobre os recursos e o desenho organizacional não deve ser confundido com o impacto

do envelhecimento no crescimento das despesas com cuidados de saúde, em que tem sido um factor sobrevalorizado na discussão pública face à sua verdadeira relevância com base em evidência.

4.12 Inovação tecnológica

144. O problema da inovação tecnológica, reconhecido em múltiplas análises como sendo o principal factor de crescimento da despesa em cuidados de saúde, foi tratado de forma sumária, com o reconhecimento de que serão utilizados mecanismos de controle da adopção de tecnologia, incluindo as técnicas de avaliação económica, que servirão de filtro para adequar a inovação às necessidades e restrições existentes.

145. Haverá, neste campo, que surgir a coragem de retirar tecnologias antigas para que se abra espaço para as novas tecnologias.

146. **Foi reconhecida a importância da utilização de mecanismos claros de decisão sobre a adopção de novas tecnologias, incluindo as técnicas de avaliação económica.**

147. **Igualmente crucial foi considerada a discussão dos limites de adopção de novas tecnologias em termos de valor a pagar por ano ganho com qualidade de vida, no âmbito das técnicas de avaliação económica de tecnologias em saúde.**

148. A discussão dos limites de adopção de nova tecnologia, por exemplo, em termos de valor a pagar por ano com qualidade de vida não foi feita.

149. É necessário realizar uma discussão tendo como tema o valor a pagar por ano com qualidade de vida na sociedade portuguesa, como parte do processo de decisão (sem ter que ser todo o processo de decisão reduzido a esse valor).

150. O local mais referido, embora não unânime, como sede para este debate foi o Parlamento. Uma sede alternativa será a Comissão Nacional de Ética para as Ciências da Vida.

151. Um dos motivos para se realizar esta discussão é garantir, na medida do possível, uma aplicação consistente dos mesmos critérios de escolha e decisão às diversas tecnologias existentes no campo da prestação de cuidados de saúde.

152. Foi comentado que a retirada de mercado de medicamentos tem custos de muitos milhares de euros por ano. A saída desses medicamentos do mercado nacional têm significado a sua importação de outros países a preços substancialmente superiores aos que estavam presentes no mercado nacional.

153. Um elemento sensível é como deve ser dada informação de preços por parte das entidades

fornecedoras de bens e serviços ao Serviço Nacional de Saúde.

154.   Com a formulação de "guidelines", a informação referente ao preço deverá ser prestada a e tida em conta por quem as elabora, e não ao médico prescritor. Para o médico prescritor, a informação relevante a ser dada é sobre as regularidades do seu padrão de prescrição (o que usa, quanto custa), para sensibilizar e informar para uma adequada utilização de recursos.

155.   **A criação de Normas de Orientação Clínica ("guidelines") é vista como um passo para uma melhor utilização de recursos. As Normas de Orientação Clínica deverão atender ao preço e este deve ser tido em conta por quem as elabora. O factor preço deve ser incorporado nesta fase e não no momento de prescrição.**

5 Conclusões

156. O traço comum às intervenções realizadas é o de que apesar de desafios lançados pela epidemiologia, nomeadamente nas áreas oncológica e de VIH/SIDA, os aspectos cruciais para a evolução do Serviço Nacional de Saúde estão na organização e na gestão das suas entidades e instituições, num contexto de menor orçamento global no Serviço Nacional de Saúde.

157. A capacidade de resposta (técnica) aos desafios de saúde existe desde que ocorra uma reorganização atempada da forma de funcionamento do sistema. No caso da oncologia, foi claro que o eixo a ser trabalhado é o da centralização da decisão vs proximidade no tratamento.

158. Os desafios mais problemáticos foram identificados na organização do Serviço Nacional de Saúde.

159. A preocupação com o curto prazo, com os efeitos do Orçamento do Estado para 2012 à cabeça, estão muito presentes. Há o receio de que crie efeitos negativos e duradouros sobre a capacidade técnica do Serviço Nacional de Saúde.

160. As reformas nos cuidados de saúde primários e o papel das Administrações Regionais de Saúde, tal como desempenhado no passado recente pela ARS Norte, foram colocados como pontos positivos.

161. As preocupações com os recursos humanos foram evidentes, nomeadamente em termos de motivação e estruturação do seu enquadramento, e não tanto no aspecto de falta ou não de médicos (ou de outros profissionais da saúde). Também a qualidade e talento de gestão foi focada como fazendo parte de um problema de recursos humanos para o Serviço Nacional de Saúde.

162. A necessidade de sistemas de informação e de velocidades de comunicação e acesso a dados foi vista como factor complementar indispensável ao desenvolvimento de um registo de saúde electrónico.

163. Na área financeira, que recebeu bastante atenção, houve preocupação com não se perder o objectivo de resultados assistenciais face a resultados financeiros, com a resolução da dívida a fornecedores, quer no stock atualmente existente quer nos motivos que levaram ao seu aparecimento, e com a melhor forma de procurar utilizar os recursos disponíveis, sabendo-se que não irão crescer, e serão provavelmente menores no futuro próximo.

164. Estes condicionalismos lançam a necessidade de um debate na sociedade portuguesa do valor que se está disposto a pagar por ano de vida com qualidade adicional, peça essencial para uma avaliação de

tecnologias em saúde, nomeadamente tecnologias inovadoras de elevado custo e cuja adopção tem que ser decidida.

165.   Dois temas foram reservados para discussão futura: a comunicação em saúde e o papel dos seguros, quer como fonte de financiamento / origem de fundos quer como parceiro numa relação de prestador de cuidados de saúde – financiador com características distintas da relação hierárquica presente no Serviço Nacional de Saúde.